AF310741

LA
CHAPELLE DE CAESTRE

ET

LES TROIS VIERGES,

suivies

DE CANTIQUES

EN L'HONNEUR DE NOTRE-DAME-DE-GRACE

DE CAESTRE.

HAZEBROUCK.

IMPRIMÉ CHEZ L. GUERMONPREZ.

1860.

LA CHAPELLE DE CAESTRE

ET

LES TROIS VIERGES.

Extrait de l'excellent ouvrage de Malbrancq, *de Morinis*.

(2.e tom., livre 5, chap. 52-53).

L'AN 819.

I

Au temps où le grand empereur Charlemagne régnait sur les vastes royaumes soumis par les armes des Francs (819), il y avait en Angleterre un roi sage et prudent qu'on nommait Kénulphe; sa domination s'étendait sur les provinces des Saxons occidentaux ou de Wessex, sur la Mercie et d'autres terres qu'il avait réunies à sa couronne. A l'exemple d'Ina, son aïeul, qui avait bâti à Rome le magnifique hospice des Saxons, et qui avait établi dans son royaume le *Denier de Saint-Pierre* (1), comme un hommage perpétuel aux souverains-pontifes, Kénulphe, en montant sur le trône, s'était empressé d'écrire au pape Léon III, pour témoigner de sa soumission et de son respect envers le Vicaire de Jésus-Christ. Le Pape répondit avec une douce bénignité à la lettre du roi des Saxons; il l'assura de sa bienveillance paternelle et l'exhorta à marcher constamment, avec la grâce de Dieu, et sous la protection de la sainte Vierge Marie, sa divine Mère, dans la voie que lui avaient tracée ses pères : il l'engagea à gouverner avec bonté ses sujets, à veiller sur leurs intérêts tant spirituels que temporels, à éviter les contentions et les schismes, et à conserver intact le dépôt de la foi qui lui avait été si heureusement transmis.

Kénulphe était digne des éloges que le Pape faisait de sa piété et de son dévoûment pour le Saint-Siége. Il mérita d'être le père des trois vierges que la Flandre vénère comme les saintes et les martyres de Dieu, Edith, Elfride et Sabine, dont les noms ont été conservés par la tradition populaire du pays de Caestre (2). La piété et la sainte soumission de leurs glorieux ancêtres furent comme le gage de la haute perfection des trois princesses saxonnes. Elevées à la cour de leur père, alors le plus puissant des rois de la Grande-Bretagne, elles se montraient au milieu de leurs compagnes, comme le soleil parmi les astres du firmament. Plus belles encore de la candeur virginale dont leur âme était ornée, que des attraits dont les avait dotées la nature, elles avaient paru, dès l'aurore de la vie, comme trois fleurs choisies par

(1) Le denier de Saint-Pierre était une taxe d'un sou par famille que les Anglais payaient chaque année au Pape, et qui ne fut supprimée que sous Henri VIII, de sacrilége mémoire.

(2) Le village de Caestre, l'un des plus beaux et des plus importants de l'arrondissement d'Hazebrouck, est situé sur la route de Lille à Dunkerque, à égale distance de chacune de ces deux villes.

le divin Maître de nos âmes, et que le souffle impur du monde ne devait jamais ternir. Comme la rose du matin qui s'entr'ouvre à la rosée brillante de fraîcheur, ainsi les trois sœurs s'entr'ouvraient dès le jeune âge aux impressions célestes de la grâce; mais, semblables à la violette qui dérobe sous la verdure la suavité de ses parfums, Edith, Elfride et Sabine se dérobaient dans la solitude et la retraite aux hommages dont elles étaient environnées. Humbles et modestes, elles évitaient toute louange pour la reporter à Celui qui seul est digne de tout honneur, fuyant le monde, qui était pour elles sans attraits.

— Si parfois elles sortaient du palais du roi leur père, c'était pour visiter les pauvres et les veuves, consoler les affligés, et se renfermer dans les églises où elles demandaient sans cesse la grâce de résister aux séductions dont elles étaient environnées.

Plus elles cherchaient à se cacher, plus les regards se tournaient vers elles : l'odeur de leurs vertus, en montant vers le trône de la miséricorde, s'exhalait autour d'elles, et les plus grands princes se seraient crus heureux de les avoir pour épouses. Mais toutes trois elles avaient choisi pour fiancé Jésus-Christ, et par une inspiration intérieure, dès leurs plus jeunes années, avaient voué à Dieu leur virginité. Kénulphe respecta le vœu de ses filles, et les rois qui avaient aspiré à leurs mains s'étaient retirés respectueusement devant un choix si grand et si glorieux.

Trois seigneurs de la cour, plus audacieux que les autres, osèrent insister auprès des princesses. Moins touchés de leurs vertus que de leur beauté passagère, ils conçurent une passion criminelle qu'ils déguisèrent sous une apparence d'affection et de respect. Repoussés par les trois vierges, ils sentirent leur passion se changer en courroux, et, irrités de n'avoir pas été agréés, ils prirent la résolution de se venger, si jamais l'occasion se présentait à eux. Mais des années se passèrent ; les trois vierges continuaient à vivre en recluses dans la demeure du roi leur père, lorsque Kénulphe mourut, en les laissant sous la protection de son successeur.

II

Parvenues à un âge respectable, Edith, Elfride et Sabine songèrent à imiter la piété des princes de leur époque, en se rendant en pèlerinage à Rome, pour vénérer le tombeau des Apôtres. Les royaumes soumis au sceptre de Charlemagne, et la France en particulier, jouissaient d'une paix profonde qui était due à la sagesse de ce grand prince. Les côtes maritimes de la Flandre, qu'on nommait alors la Morinie, faisant partie du diocèse de Thérouanne, avaient été purgées des forbans qui les avaient infestées; les routes et les chemins étaient libres de tout brigandage, et les voyageurs traversaient en toute sécurité l'étendue de l'empire ou le bras de mer qui sépare la France de l'Angleterre.

Les rois de la Grande-Bretagne avaient plus d'une fois réclamé de Charlemagne sa protection pour voyager dans son royaume; des pèlerins en grand nombre, nobles ou plébéiens, marchands ou seigneurs, se rendaient fréquemment en Italie à cette époque, pour porter leurs hommages au successeur de saint Pierre et puiser aux sources de la religion les eaux abondantes de la piété et de la sainteté. Les femmes elles-mêmes entreprenaient sans crainte ce long voyage, sans redouter aucun péril, n'ayant à essuyer d'autres difficultés que les fatigues inséparables de la route. La prévoyante vigilance du roi protégeait tous les pèlerins.

Lorsqu'on apprit à la cour la résolution que les princesses avaient prise de se rendre aux *Seuils Apostoliques* (1), il ne manqua pas de personnes qui cherchèrent

(1) *Limina Apostolorum*, nom que l'on donnait au tombeau de saint Pierre.

à les dissuader d'une pareille entreprise. On s'étonnait surtout de voir qu'elles voulussent se mettre seules en voyage, comme les plus humbles pèlerins. On leur en remontra le danger, tout en leur représentant qu'il était cruel de laisser leur famille : Pourquoi, leur disait-on, aller ainsi toutes trois ensemble. Qu'une seule d'entre vous parte avec sa suite, et qu'après son arrivée à Rome les autres la rejoignent, après avoir reçu de ses nouvelles. — Non, non, répondirent-elles d'un accord unanime; avec la grâce de Dieu, il n'en sera pas ainsi. Toutes trois nous avons formé le dessein de cette entreprise, toutes trois ensemble nous la mènerons à bonne fin. Si quelque danger s'offre à nous, si nous avons à souffrir, qui mieux qu'une sœur peut encourager et consoler sa sœur? Notre prière réunie aura-t-elle plus de peine à gagner l'autel du Seigneur que celle de nos suivantes?

En voyant leur ferveur et la grâce toute céleste qui brillait dans leurs traits et leurs discours, on n'osa plus s'opposer à leur résolution. Edith, Elfride et Sabine se dépouillèrent des riches vêtements de la cour, et revêtirent avec une humilité pleine de joie l'habit commun à tous les pèlerins qui se disposaient à un long voyage. C'était la robe de bure, le manteau gris, la guimpe et le voile de l'époque, que représentent encore de nos jours certaines religieuses dans leur costume; à quoi elles ajoutèrent les coquilles et le bâton des pèlerins. Elles marchèrent à pied jusqu'au rivage de la mer, accompagnées d'un grand nombre de nobles seigneurs qui voulaient avoir au moins la consolation de les escorter une partie du chemin.

Elles durent attendre quelque temps avant qu'on eût équipé le navire destiné à les transporter. Le même cortége voulut encore les suivre jusqu'à la côte de France, dans l'espoir de les ébranler plus facilement quand on serait en mer. Mais, ô prodige de la miséricorde divine! l'Océan courroucé s'apaisait sous le sillage de la barque qui portait les trois vierges, et les vents, d'accord avec les flots, semblaient obéir à une force supérieure à toute force humaine. Les seigneurs alors changèrent de langage; ils virent le doigt de Dieu dans la volonté des princesses, et ils n'osèrent plus que les encourager dans leur pieux pèlerinage. Émus toutefois, en les voyant ainsi toutes seules, prêtes à quitter le vaisseau, ils firent un dernier effort pour les engager à prendre quelques suivantes. Mais elles demeurèrent inébranlables. La protection du Ciel leur suffisait.

Elles prirent terre à Mardick, lieu célèbre alors où l'on voyait encore une partie des grands ouvrages autrefois bâtis par les Romains. On fit alors de nouvelles tentatives auprès des trois princesses, pour leur faire prendre au moins les délicatesses dont elles pouvaient avoir besoin : mais elles ne voulurent recevoir que du pain et quelques petits poissons séchés, seule nourriture, disaient-elles, qui convînt à des voyageuses que la Providence appelait à un si saint pèlerinage. Cette abnégation arracha des larmes à tout le monde. Mais ces larmes se changèrent en sanglots, lorsqu'il fallut se séparer. Edith, Elfride et Sabine, remplies de l'esprit de Dieu, faisant taire les sentiments de la nature, s'éloignèrent rapidement de leurs parents et de leurs amis désolés, sur la route de Cassel.

III

Cette ville était alors la plus forte place de tout le pays des Morins, et la voie romaine qui la traversait se rattachait directement aux grands chemins de l'Italie. Suivant la pieuse coutume des pèlerins, les trois saintes sœurs devaient visiter tour à tour chacun des monastères ou des églises qui se trouveraient sur leur passage. Bergues à cette époque n'existait pas encore; mais le monastère de Saint-Winoc, qui fut transporté ensuite

sur la montagne et qui donna naissance à cette ville,
se trouvait au village de Wormhout, à deux lieues de
la ville de Cassel. C'est là que ce grand serviteur de
Dieu, renonçant à la couronne qu'il avait héritée des
rois bretons ses ancêtres, était venu consacrer sa vie
dans l'humilité et la pénitence. Mais après sa mort son
esprit était demeuré avec ses frères; à l'invocation de
son nom, de grands miracles s'opéraient, dont la renommée
publiait le récit dans toutes les provinces de l'Angleterre.

Les trois vierges s'avançaient avec joie sur la route,
heureuses de s'approcher de cette sainte maison où Winoc
avait vécu et où il avait pris congé de la terre pour
aller jouir de la présence de l'Agneau sans tache, dans
la société des bienheureux et des archanges. En sortant
d'Ekelsbèque, elles aperçurent tout à coup les tours du
monastère, et cette vue les fit tressaillir d'allégresse. Elles
baisèrent, en pleurant, le seuil du sanctuaire. Les religieux,
informés de leur arrivée, les accueillirent avec non moins
de respect que de bienveillance.

Mais les nobles sœurs, après avoir satisfait leur dévotion au tombeau de saint Winoc, continuèrent leur chemin
vers Cassel. Apprenant que saint Pierre était honoré
d'un culte spécial dans cette ville, elles se rendirent à
l'ancienne basilique des Morins, où elles prièrent avec
ferveur. En sortant de l'église, elles allèrent s'asseoir sur
les bords d'une fontaine qui jaillissait sur le sommet de
la colline; elles y prirent paisiblement leur repas, pour
rendre la vigueur à leurs membres fatigués. Elles rendirent ensuite grâces à Dieu, en lui demandant, par
l'intercession du prince des apôtres, de les conduire
heureusement à Rome, ou de leur ouvrir la porte du
ciel, où elles n'auraient plus désormais d'autre soif que
de Jésus-Christ, leur céleste époux. Cette grâce leur fut
accordée largement, et bien plus tôt qu'elles n'auraient
pu le penser.

En descendant la montagne de Cassel, elles découvrirent entre les cimes des grands arbres les vastes constructions dû monastère d'Eecke. Saint Wulmar, issu des comtes de Boulogne, en avait été le fondateur et le premier abbé. Les moines firent aux trois princesses le même accueil que ceux de Saint-Winoc. Dès qu'elles furent entrées dans l'église, elles s'empressèrent d'y offrir à Dieu leurs actions de grâce, et baisèrent avec vénération un chêne antique qui ombrageait encore le maître autel de l'église, et dans le creux duquel on disait que saint Wulmar avait passé trois jours sans manger.

Les saintes filles du roi des Saxons passèrent la nuit dans l'hospice extérieur du monastère. Le lendemain elles assistèrent à la sainte messe; après quoi elles se remirent en chemin, à une heure avancée de la matinée. Mais pendant qu'elles poursuivaient tranquillement leur voyage en s'entretenant des choses du ciel, trois hommes poussés par l'enfer méditaient le plus noir des attentats. Les trois seigneurs saxons dont elles avaient autrefois repoussé les vœux n'avaient point oublié leur vengeance; et, pour avoir été assoupi durant plusieurs années, le désir n'en avait été que plus ardent, en voyant que l'occasion se présentait pour le satisfaire sans péril. Trois hommes armés par eux avaient suivi les saintes vierges dans leur voyage : débarqués en même temps qu'elles, ils ne les avaient point perdues de vue; mais aussi longtemps qu'elles avaient marché sur la grande route, ils n'avaient pas osé mettre à exécution leur dessein criminel.

Arrivées à une demi-lieue environ du monastère de Saint-Wulmar, le soleil du midi qui commençait à darder ses rayons les obligea à se retirer de la route : elles s'écartèrent dans le bois, afin de s'y reposer et de prendre à l'ombre des grands arbres les aliments que les religieux d'Eecke avaient placés dans leurs besaces. Elles s'assirent sur la pelouse, étendirent leur nappe au pied d'un hêtre élevé, et dans une sainte quiétude commencèrent leur humble repas.

Les farouches sicaires des trois seigneurs saxons choisissent ce moment, où ils ne pouvaient être vus de personne. Ils s'élancent soudain de l'épaisseur du feuillage et se précipitent sur les trois sœurs. Elles ne songent pas un seul instant à prendre la fuite. Mais, faisant à Dieu le sacrifice de leur vie, elles s'offrent comme des agneaux sous le couteau du boucher, et se laissent immoler, en priant pour leurs bourreaux. Les misérables assassins les percent de coups et n'abandonnent leurs victimes qu'après les avoir vues tomber expirantes dans leur sang.

IV.

Non loin du lieu où venait de s'accomplir ce triple martyre, s'élevait un castel destiné par les forestiers de Flandre à protéger le chemin qui de Cassel se dirigeait sur la villle de Reims. Un chevalier du sang des princes y commandait au nom de son suzerain. Il était riche et puissant, et il ne lui manquait aucun des dons de la fortune et de la grandeur. Mais il était aveugle, et tous les soins de la médecine n'avaient fait qu'accroître sa cécité. S'il s'affligeait de son malheur, il trouvait néanmoins de la consolation dans sa piété et dans sa résignation. Dieu voulut l'en récompenser.

Au moment même où les assassins des trois vierges fuyaient dans la direction de la mer, Notre-Dame apparaissait comme en songe au chevalier : « Veux-tu, lui dit-elle alors, recouvrer la vue, monte à cheval; les cris d'une troupe d'oiseaux te conduiront près d'ici où tu trouveras trois vierges étendues mortes dans leur sang; tu en frotteras les paupières, et à l'instant tu reverras la lumière. »

Rempli de confiance dans ces paroles, le chevalier réunit ses servants et ses hommes d'armes ; il leur raconte ce qu'il a vu malgré sa cécité, et les paroles qui ont retenti à ses oreilles ; il monte à cheval avec eux.

Une troupe d'oiseaux les guide dans le bois par leurs cris stridents et leurs battements d'aîles, jusqu'auprès des trois sœurs. A la vue de ces corps sanglants, les hommes poussent un cri : « Voici, disent-ils à leur seigneur, voici, sire chevalier, trois pèlerines d'une beauté sans pareille; mais inanimées et sans vie. Leurs habits sont pleins de sang, et la terre au loin en est arrosée. » Sur ces paroles, le chevalier, quittant la selle, s'agenouilla pieusement auprès des saints cadavres; et, plongeant ses doigts dans le sang encore vermeil : « Sainte Vierge, s'écria-t-il, puisque c'est votre voix qui m'a conduit en ces lieux, faites que revoyant la lumière du ciel, je puisse venger la mort de vos servantes; faites qu'il me soit donné de bâtir ici une chapelle en votre honneur ou quelque autre signe qui rappelle votre saint nom. »

Dans le même moment, il applique avec foi à ses yeux ses doigts teints de sang, et par un miracle de la grâce céleste l'un et l'autre aussitôt se rouvrent : il voit; dans l'élan de sa joie il pousse un cri qui est répété de tous, et qui bientôt amène autour d'eux une foule considérable, avide de contempler l'effet de ce prodige. Le chevalier se lève et jette un regard reconnaissant vers le ciel; ensuite il se prosterne de nouveau et baise avec respect les saintes blessures auxquelles il doit d'avoir revu la clarté du jour.

A peine a-t-il levé la tête qu'il est témoin d'un nouveau miracle. Une lumière éclatante jaillit tout autour; au milieu de ses rayons, il voit la sainte Vierge, les pieds posés sur le disque de la lune, environnée d'une multitude d'anges. « O Vierge sainte, s'écria-t-il, quelle
« ne doit pas être ma reconnaissance ! non-seulement
« vous me rendez la vue ; mais encore vous m'aimez
« assez, tout indigne que je sois de votre tendresse,
« pour me donner les moyens de réparer le meurtre de
« ces glorieuses martyres, par l'honneur que je pourrai
« rendre à leurs reliques et par les louanges éternelles

« dont j'environnerai votre grandeur souveraine. O Reine
« des Vierges ! Je travaillerai à faire chanter en ce
« lieu votre gloire à tout jamais, et j'élèverai à ces
« précieux restes un monument qui transmettra aux
« siècles futurs la mémoire de celles qui ont mieux
« aimé mourir que d'être infidèles à leur céleste époux. »

Le chevalier se montra aussi généreux dans l'accomplissement de sa promesse qu'il avait été empressé à la faire. Les corps des trois vierges furent déposés avec leurs vêtements dans un cercueil de bois : on y renferma aussi la terre imbibée de leur sang et l'arme dont les meurtriers s'étaient servis pour les frapper. Les ouvriers secondaient si bien les pieuses intentions du Dynaste, que dans les derniers jours de l'été de cette même année, on vit s'élever en cet endroit une magnifique chapelle qui fut divisée en deux parties distinctes : la première et la plus petite où l'on éleva l'autel principal, au lieu même où la Mère de Dieu avait apparu; l'autre où l'on dressa un petit autel sur le tombeau qui reçut les dépouilles mortelles de Sabine, d'Elfride et d'Edith.

Plus tard il se forma une confrérie qui tint ses pieuses assemblées dans cette chapelle et un chapelain fut attaché à ce sanctuaire; il était tenu d'y célébrer la messe à certains jours et d'y chanter les vêpres de la Vierge, il paraît même que pendant quelques années cette chapelle servit d'église paroissiale.

Bientôt une foule de personnes de tout âge et de tout sexe, accourant avec dévotion aux pieds des saintes vierges saxonnes, en obtinrent la guérison de tous leurs maux. L'Angleterre, qui n'avait pas tardé à apprendre par la voie publique le martyre des trois sœurs, les avait promptement reconnues pour les filles de ses rois, et leur culte y avait été reçu avec une dévotion tout aussi signalée que dans les contrées de la Flandre et du Boulonnais. Les seigneurs de Steenvoorde et de Strazeele leur payèrent des honneurs spéciaux, et dans ce dernier village s'érigea une nouvelle chapelle dédiée à la Vierge Marie, où les pèlerins s'arrêtèrent en se rendant au tombeau des pieuses filles de Kénulphe.

Chaque année leur multitude s'accroissait avec les miracles que Dieu daignait opérer par leur intercession sur les malades qui venaient de loin y invoquer leurs mérites. Autour de la chapelle élevée par le chevalier aveugle, des habitations s'érigèrent et l'on y voit bientôt un village considérable, auquel on donna le nom de Caestre. Une pieuse tradition ajoute que cette dénomination devait son origine à la vertu pour laquelle les trois saintes martyres avaient versé leur sang : *Castæ tres, les trois chastes* filles que le Seigneur avait glorifiées.

Du temps du père Mallebrancq, on voyait encore non loin de la chapelle une espèce de château entouré des fossés qu'on appelait *la Commanderie*. C'était, disait-on, un ancien établissement de Templiers. Dans le chœur de l'église paroissiale le tombeau d'un commandeur portait la date de 1228.

Le riche mausolée des trois martyres, divisé en trois compartiments, a été renversé en 1560 par les Huguenots, mais la chapelle est restée debout, et elle attire encore de nos jours un grand nombre de pèlerins de toutes les parties de la Flandre. Le concours est surtout considérable le dimanche avant la fête de la visitation de la sainte Vierge, jour de procession commémorative.

Le père Mallebrancq sans parler en détail des nombreux prodiges opérés dans le sanctuaire de Caestre avant le XV.ᵉ siècle, par la Mère de Dieu, consigne dans ses annales ceux que nous allons citer après lui, parce que, dit-il, reconnus par l'évêque d'Ypres et attestés par Nicolas Decopman, curé de Caestre et vicaire apostolique; Nicolas De Costère, bailly; Henri Herreman, premier échevin de Caestre; Walter Vanderhaghe; Testard Colardt; François De Wycke et Nicaise Pierens, échevins;

ils sont tellement avérés, que la Vierge qui a rendu la vue au chevalier du village, semble être disposée à rendre aussi aux hérétiques de nos jours, s'ils ne la repoussent pas, la lumière bien plus salutaire de la foi.

Le 5 juillet 1493, Achille Quacbeur, apporta devant l'image de N.-D. de Caëstre, son fils mort en naissant, l'enfant recouvra la vie et reçut le baptême.

Le 6 juillet 1494, une femme de Lille, qui séjournait à Eecke, chez Nicolas Souetemont, mit au monde un enfant mort. Il fut apporté aussi devant l'autel de Notre Dâme de Caestre : il ressuscita et fut baptisé.

Le 1.er juillet 1495, deux enfants furent encore rappelés à la vie, l'un était fils de Jean Vander-Graessiepe; l'autre de Robin Casstelle, habitans de Steenvoorde. Dans le courant de la même année, on cite la résurrection d'un enfant de François Ruckebusch, et du fils de Walen Flys.

Le 25 mai 1496, Françoise Boüde mit au monde un enfant mort : on se hâta de l'inhumer, il était enterré depuis neuf jours, lorsque la pensée vint aux amis de Françoise de le retirer de la fosse où il avait été mis, et d'implorer en sa faveur la Vierge miséricordieuse de Caestre. Leur foi fut récompensée par un miracle : l'enfant revint à la vie, et le baptême lui conféra la vie de la grâce.

Au mois de septembre suivant, N.-D. de Caestre opéra un miracle plus étonnant encore. Pierre Wexsteen, du village de Merris, était allé porter son enfant mort sans baptême devant l'image de Notre-Dame de Strazeele, et l'avait laissé un jour entier sur l'autel. Hélas! l'enfant n'avait donné aucun signe de vie. Pierre Wexsteen l'apporte le lendemain à l'autel de Notre-Dame de Caestre, et passe le jour en ferventes prières : prières inutiles! la vie ne fut rendue à l'enfant; il fallut bien l'inhumer. Pierre Wexsteen était inconsolable : trois jours s'étaient écoulés depuis la sépulture, lorsque Pierre, animé d'une nouvelle confiance, se détermine à retirer de la fosse le petit cercueil, et à porter de nouveau dans la chapelle de Caestre le cadavre de son enfant. Il le place entre le mausolée des trois vierges et l'autel de Marie; tout-à-coup les yeux de l'enfant brillent pleins de vie; il remue la tête et les pieds, et on lui donna le baptême.

La même année, le fils d'Hector Boone, du village d'Eecke, le 20 mai de l'année suivante, l'enfant de Lauwers De Droghe, habitant aussi le village d'Eecke, et encore dans le courant de 1498, l'enfant de Laem De Wascht, fûrent redevables de cette double faveur à Notre Dame de Caestre.

L'image actuellement vénérée dans le sanctuaire fut respectée pendant la révolution, elle est en bois; la Vierge debout, tient l'enfant Jésus sur le bras gauche. Six tableaux représentent les trois vierges qui portent le costume des religieuses de Sainte-Claire : ils ont remplacé en 1827 d'autres tableaux qui tombaient de vétusté et que mentionne le P̃. Mallebrancq.

Le Pape Grégoire XVI, de sainte mémoire, en vertu d'un rescrit donné à Rome, le 1.er août 1843, et visé le 24 du même mois par Monseigneur Giraud, archevêque de Cambrai, accorde une indulgence plénière à tous les fidèles qui visiteront la chapelle de Caestre, dédiée *à Notre-Dame de grâce et de miséricorde*, depuis le dimanche après la St.-Jean jusqu'au dimanche suivant, pourvu qu'ils y récitent 5 *pater et* 5 *ave* et qu'ils remplissent les autres conditions requises.

Telle est l'origine du pélerinage qui continue à faire visiter la chapelle des trois vierges, sous l'invocation de la Vierge Marie, et dont l'antiquité se trouve attestée par des documens nombreux, et par le récit du père Jacques Mallebrancq, de la compagnie de Jésus, dans son excellente histoire *de Rebus Morinorum*, d'où nous l'avons extraite.

Permis d'imprimer :

Cambrai, le 16 juillet 1853.

LELEU, *Vicaire-Général.*

RESTAURATION

DE LA

CHAPELLE DE NOTRE-DAME DE CAESTRE,

Au moyen des offrandes des habitants en 1860.

De toutes les œuvres entreprises pour glorifier Marie, en est-il une qui lui soit plus agréable que la restauration d'un antique sanctuaire, dédié à Notre-Dame de grâce? — inspiré par son tendre amour envers la Mère de Dieu, et pour satisfaire aux sollicitations réitérées de ses paroissiens, M. le curé a voulu restaurer un monument consacré par de si éclatants miracles, et visité, d'âge en âge par tant d'illustres pèlerins qui accourent de toutes parts pour vénérer notre auguste Madone et l'insigne relique (1) que la chapelle est heureuse et fière de posséder encore aujourd'hui. M. le curé a cru pouvoir compter pour cette sainte entreprise sur le concours généreux de tous les enfants de Marie, et il a permis à deux fidèles de sa paroisse de faire publiquement un appel à la piété de ses ouailles. Chacun s'est estimé heureux de pouvoir déposer entre leurs mains une obole

(1) Le précieux vêtement de la sainte Vierge.

pour restaurer et embellir la maison chérie de Marie, ce sanctuaire, le plus ancien, et l'un des plus vénérables qu'on possède sur la terre. Cette œuvre commencée dès le mois de mai, s'est poursuivie activement : quelques mois suffirent pour achever ce monument. Un jour, c'était le 28 mai de la même année, on interrompit les travaux pour sonder le terrain de la chapelle à l'endroit même où les trois vierges martyres avaient été ensevelies, et en présence de cinq personnes respectables et dignes de foi, on y découvrit, à un mètre et demi de profondeur, l'arme dont les brigands s'étaient servis pour assassiner les trois princesses, des ossemens humains, d'autres objets qui n'avaient pas vu le jour depuis plus de dix siècles, et que l'on conservera précieusement.

(Propriété de la Chapelle de Caestre).

CANTIQUES

EN L'HONNEUR

DE NOTRE-DAME-DE-GRACE

DE CAESTRE.

Chant du Pèlerin.

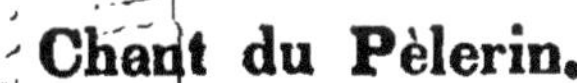

Air : *Prévenons les feux de l'aurore, etc.*

REFRAIN.

Allons ! quittons notre chaumière
Et vers Caestre portons nos pas !

C'est le grand jour de notre mère
Allons nous jeter dans ses bras !
De nos ayeux suivons la trace !
Ils chantaient le long du chemin :
Vive Notre-Dame-de-Grâce !
C'est le plus beau chant du Pèlerin.

SOLO.

Loin du pays qui l'a vu naître
L'exilé sent battre son cœur !
Pour lui jamais il ne peut-être
Et que soupir, et que douleur !
Et nous aussi, bonne Marie,
Loin de ton palais immortel
Nous ne trouvons plus de patrie !......
Elle est au pied de ton autel !

Cette terre est une vallée
Où chaque jour coulent les pleurs !
Mais pour toi l'âme consolée
Du ciel retrouve les douceurs !
Ah ! Pèlerins sur cette terre
Vers toi nous tournerons les yeux !
Grâce ! que ta main tutélaire
De cet exil nous mène aux Cieux !!

Air : *Célébrons ce grand jour.*

Célébrons dans nos chants Notre-Dame de Grâce
La patronne de ce pays;
Par de brûlants transports que chacun lui retrace
L'amour de ses enfants chéris.
Proclamons au loin sa puissance,
Faisons retentir à jamais
L'hymne de la reconnaissance
Qu'exigent de nous ses bienfaits.

Chantons : amour, honneur et gloire
A la reine de la cité ;
Caestre la nomme, en son histoire,
Mère de grâce et de bonté.

Caestre, lève ton front couronné de lumière,
  Revêt ton antique splendeur ;
Les peuples trouveront, guidés par ta lumière,
  La paix, la joie et le bonheur.
  Quant Notre-Dame, en souveraine
  Régnait sur tous nos alentours,
  Elle calmait les maux, la peine
  Et la rigueur des mauvais jours.
    Chantons, etc.

Village de la Vierge, en ta noble vieillesse,
  Tu gardes ta fécondité ;
Tu vois, malgré les ans, refleurir ta jeunesse
  Et grandir ta postérité.
  De jeunes enfants de Marie
  Dans ton sein naissent par milliers,
  Et croissent, sous sa main chérie
  Comme un tendre plant d'oliviers.
    Chantons, etc.

Air : *O ma Reine, ô Vierge Marie....*

Refrain :

Salut, Notre-Dame-de-Grâce,
Je viens t'offrir mon cœur,
Je retrouve devant ta face
La joie et le bonheur.

Salut bonne Vierge Marie,
Espoir du malheureux,
Salut, ma patronne chérie,
Toi qui comprends mes vœux.

Caestre dans tous les temps t'honore,
Mère d'un Dieu d'amour,
Te regarde comme l'aurore
Qui promet un beau jour.

Par toi la terre consolée
Ne doit qu'à tes présents
Les tendres fleurs de la vallée
Et les moissons des champs.

Tu consoles les bonnes mères,
Tu calmes leurs tourments;
Ton doux regard rend plus légères
Les peines des enfants.

Quand elle grave ton image
Dans le fond de son cœur,
La jeune fille heureuse et sage
Conserve sa candeur.

AIR : *De tes enfants reçois. l'hommage.*

Caestre te consacre des temples,
Vierge, depuis plus de mille ans;
Avec amour tu le contemples,
Tu bénis tes pieux enfants,
Ta chapelle grandit ta gloire
Avec des dons et des bienfaits;
Pour y détruire ta mémoire
L'enfer épuise en vain ses traits.

REFRAIN :

Parais enfin Notre-Dame-de-Grâce,
Caestre triomphe et redit ses faveurs;
A flots pressés le peuple suit ta trace,
De saints transports animent tous les cœurs.

Pour accueillir ta sainte image
Tu vis nos ayeux empressés;
Leurs fils t'offrent le même hommage
Après mille siècles passés.
Comme eux marchant sous ta bannière
Ils bravent tous les dangers;
Ils défendent ton sanctuaire,
Tu protégeras leurs foyers.

Plus fort que le front d'une armée
Ton bras au loin sème l'effroi;
Défends ton temple bien-aimé
Chasse l'ennemi devant toi.
Tu fais descendre le nuage
Qui nous dérobe aux assaillants,
Qui rend aveugle leur courage
Et les force à lever leurs camps.

Air : *Providence de Dieu.*

Refrain.

Notre-Dame-de-Grâce un peuple entier t'honore,
Il redit tes bontés avant le point du jour
Et quand paraît la nuit son cœur murmure encore
Ton nom, ce nom si doux et si rempli d'amour.

Patronne de Caestre tu verses d'âge en âge
Dans ton sanctuaire tes dons et tes faveurs;
Ses pieux habitants t'offrent leur tendre hommage,
Dans tous les temps, malgre l'enfer et ses fureurs.

Patronne de Caestre, ta brillante chapelle
Entendit les refrains des peuples d'alentour.
Qui, selon l'usage antique et solennel,
Des villes, des hameaux accouraient tour-à-tour.

Patronne de Caestre, devant ton sanctuaire
Tu vis les potentats prosternés, suppliants,
Reconnaître, invoquer ton pouvoir tutélaire
Et charger ton autel de leurs présents.

Patronne de Caestre, que de pêcheurs en larmes
Devant ta sainte image entraînés vers le soir,
Timides et tremblants, mais vaincus par tes charmes,
Sont tombés à genoux, ont retrouvé l'espoir.

Patronne de Caestre, que jamais ne s'efface
Ton tendre souvenir gravé dans notre cœur;
Ah! montre toi toujours Notre-Dame-de-Grâce,
Fais nous goûter la paix, compagne du bonheur.

Air : *Mère bénie entre toutes les mères....*

Salut auguste souveraine
Qui sur Caestre veille à jamais :
Caestre fut toujours ton domaine
Il a des droits à tes bienfaits.

Refrain :

De tes enfants exauce les prières,
Vierge de Grâce aime à les écouter
Fais que fidèle à la foi de tes pères
Caestre n'a plus qu'un cœur pour te chanter. } *bis.*

Sur le trône ou dans la chaumière,
On t'invoque, toi qui connais
Les maux et la douleur amère
Assis même au seuil des palais.

De tes enfants, etc.

Tendre Mère c'est toi qui donnes
Au printemps un air doux et frais,
Des fruits savoureux aux automnes,
Aux étés leur ombrage épais.

De tes enfants, etc.

Lorsque l'hiver, sur la nature,
Etend son âpre et froid manteau,
Au pauvre transi, qui t'adjure,
Tu fais luire un foyer nouveau.
    De tes enfants, etc.

Le jeune enfant seul et sans guide
Te dis sa peine et son chagrin;
Tu l'appelles sous ton égide...
Dès lors il n'est plus orphelin.
    De tes enfants, etc.

Par toi la mère délivrée
De ses éternelles frayeurs,
Donne à son enfant ta livrée
Et le pare de tes couleurs.
    De tes enfants, etc.

Le soldat porte la médaille
Qu'au départ lui donnait sa sœur;
Tu le soutiens dans la bataille,
C'est toi qui doubles sa valeur.
    De tes enfants, etc.

Neuvaine de Notre-Dame-de-Grâce.

AIR : *Vierge sainte, Rose vermeille.*

Vierge, s'il est des jours de fête,
Où l'on chérit plus tes autels,
Des jours dont la pompe reflète
Des souvenirs doux aux mortels,
Ce sont bien ces beaux jours de gloire,
Aussi, jamais de tes bienfaits
Caestre ne perdra pas la mémoire   } *bis.*
    Jamais, jamais, jamais.

A peine encore sur ce village
De la foi brillait le flambeau,

Que déjà de pieux hommages
De ton culte ornaient le berceau.
Depuis, sous ta douce tutelle,
Et confiante en ton secours,
Caestre te demeura fidèle
    Toujours, toujours, toujours. } *bis.*

Et nous, indignes de nos pères,
Cesserons-nous de te bénir ?
Témoins de leurs vertus sincères,
En perdrons-nous le souvenir ?
Ah ! non, que ma langue se glace
Qu'elle s'attache à mon palais.
Si de mon cœur ton nom s'efface
    Jamais, jamais, jamais. } *bis.*

Le Chevalier aveugle.

Air connu.

Reine du ciel, maîtresse de la terre,
Tout ce qui vit est soumis à ta loi !
Après celui qui lance le tonnerre
Dans l'univers rien n'est plus grand que toi ?

Ton nom sacré fonda notre patrie,
Le chevalier aveugle encore
A commencé par invoquer Marie } *bis.*
Pour se guérir, il prie , il t'implore. }

Les trois vierges connaissaient ta puissance
Elles appelaient au temps de leurs malheurs
Toi leur mère, ô vierge de clémence, } *bis.*
De l'aveugle tu vins tarir les pleurs. }
O Notre-Dame ! entends notre prière,
Aime toujours l'enfant de ce pays
Veille sur nous , sois toujours notre mère, } *bis.*
Fais-nous aller un jour au paradis.

Hazebrouck. — Imprimé chez L. Guermonprez.

190